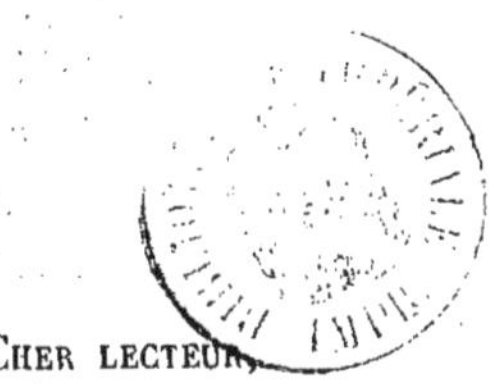

CHER LECTEUR,

L'ouvrage que vous daignerez lire, écrit sur les lieux mêmes, fut présenté à mon retour en France, en novembre 1861, à l'administration du journal la *Patrie*.

Quatre mois s'écoulèrent dans l'assurance de le voir inséré en feuilletons dans ce journal.

M. A. Ducros, un des rédacteurs de cette feuille, que M. Delozières me donna pour collaborateur, est allé jusqu'à me dire que la publication allait commencer bientôt et que l'ouvrage était entièrement revu et corrigé. J'ajoutais foi à ses paroles, lorsqu'un jour, me rendant à son bureau, pour voir les corrections apportées, j'y trouvai mon ouvrage tel qu'il lui fut remis. L'indignation s'empara de moi, et je réclamai mon manuscrit, avec la résolution de le livrer au public tel qu'il fut écrit.

Mon œuvre est fondée sur l'observation et l'étude approfondie des mœurs et des usages de la population de Constantinople. Je retrace dans mon ouvrage l'état actuel de cette capitale ; je décris les mœurs, les habitudes, les abus des plus hauts personnages, la conduite du clergé oriental, les coutumes des Turcs, des Grecs, des Arméniens et des Juifs, et plusieurs particularités inconnues en France, sans entrer toutefois dans des discussions politiques, sociales ou religieuses.

J'ai pris pour guide LES MYSTÈRES DE PARIS, et quoique mon ouvrage ne présente pas le même intérêt que l'illustre écrivain a su donner au sien, j'ose cependant dire que l'élève a fait tous ses efforts pour se rendre digne du maître.

Je n'entrerai pas dans des détails concernant mon but, on les trouvera dans le cours de mon récit. Je prie seulement mes lecteurs de ne pas se hâter de me juger, au moins avant la quinzième livraison. Là, mon sujet sera entièrement exposé, tous mes personnages seront mis en scène, toutes mes intrigues à jour, et quoiqu'il faille le dénouement de tout ceci pour être à même de se prononcer définitivement, néanmoins mes lecteurs peuvent se livrer dès lors à des critiques soit d'approbation, soit de..... condamnation.

En ma qualité d'étranger, j'ose prier le public de m'accorder son indulgence, touchant mon style. J'ai principalement cherché la clarté et la précision et je crois avoir réussi.....

L'année prochaine je saurai à quoi m'en tenir.

GEORGES ZADÈS.

Mars 1862.

LES MYSTÈRES
DE CONSTANTINOPLE

PREMIÈRE PARTIE

I

Constanti, le pirate, chez l'archevêque de ***.

Le 28 du mois de février de l'année 18..., vers dix heures du matin, un caïque (petite barque), arrivant du Bosphore (1), pénétrait dans les eaux de la Corne-d'Or, et allait s'arrêter à la descente d'une maison de Fanari dont l'élégance contrastait d'une manière frappante avec les habitations environnantes.

De ce caïque sortirent deux hommes d'une physionomie entièrement opposée. Le premier était âgé de 40 à 45 ans, d'une taille élevée, d'un regard farouche, et d'une mine qui tantôt exprimait la bonhomie, et

(1) Le mot Βόσπορος signifie *Passage du bœuf,* c'est-à-dire détroit qu'un bœuf a traversé à la nage. Pourquoi, contrairement à son étymologie, écrit-on *Bosphore,* qui veut dire *Porteur du bœuf,* au lieu de *Bospore?*

tantôt les passions les plus sauvages ; une cicatrice assez profonde sur sa joue gauche lui donnait un aspect effrayant, lorsqu'on le regardait de profil ; son nez aquilin faisait ressortir davantage la laideur de son visage ; son front, haut et découvert, laissait voir à l'observateur que, si cet homme eût reçu les bienfaits de l'éducation, il eût pu devenir, avec les facultés que développe l'étude, un des grands hommes de son siècle.

L'habillement de cet homme est simple : une longue redingote qui lui bat les mollets, un large pantalon et une calotte rouge enfoncée jusqu'aux sourcils, lui donnent la ressemblance d'un courtier en marchandises comme ceux qui circulent dans les rues de Galata.

L'individu dont nous avons essayé de crayonner le portrait, naquit dans l'île de Chios, de parents qui participèrent, en 1822, aux massacres de leurs frères. Il partit, en 1834, à l'âge de 25 ans, sur le corsaire l'*Infatigable*, avec cinq compagnons qui ne se faisaient pas scrupule de piller aussi bien les navires dans les eaux de l'Archipel, que les habitants des îles, lorsque les bateaux attaqués ne leur laissaient pas une proie satisfaisante. Pris en 1838, après avoir, pendant quatre ans, commis les crimes les plus affreux, il fut conduit à Constantinople, et condamné à la potence.

Il sauva sa vie, en abjurant la sainte religion du Christ pour embrasser le brutal islamisme (1) et le

_____

(1) En Turquie un chrétien qui consent à se faire musulman est acquitté pour n'importe quel crime.

culte grossier des sens imposé par Mahomet, et en s'offrant comme membre de la police secrète de Constantinople. Son interrogatoire démontra suffisamment que l'emploi pour lequel il s'offrait n'avait jamais possédé un homme plus apte que lui. Ayant obtenu sa grâce, il fut chargé de ses nouvelles fonctions, après avoir été soumis préalablement à une surveillance des plus actives de la police.

A l'époque où nous faisons sa connaissance il avait tellement débrouillé d'intrigues et rendu tant de services aux plus hauts personnages de l'Empire, qu'il s'était trouvé tout d'un coup, non-seulement à l'abri de la surveillance, mais encore sous la protection de plusieurs *pachas*. Il savait donc qu'on se serait bien gardé de le trouver en défaut ; d'ailleurs la police elle-même, dont il fut un des plus importants agents pendant dix ans consécutifs, le laissait commettre impunément les plus infâmes et les plus criminelles actions qu'on devait lui faire expier, non plus par la potence, mais par la torture.

Ainsi le pirate Constanti, car c'est de lui qu'il s'agit, se voyant non-seulement à l'abri de la punition, mais encore protégé par ceux-là mêmes qui devaient le persécuter, donnait un libre accès à ses volontés, et faisait tout sans crainte comme sans repentir.

Le lecteur peut s'imaginer ce que cela peut produire chez un homme comme Constanti que nous rencontrerons malheureusement très-souvent dans le cours de notre récit dramatique, dont les péripéties inspireront d'autant plus de terreur et de dégoût, qu'elles ont un rapport direct avec la réalité. Car, rien dans notre narration ne sera inventé : tout ce que nous tâcherons de raconter sera la pure description de ce qui se passe dans cette malheureuse ville de Constantinople, jadis si grande et si célèbre, et devenue maintenant le refuge des brigands, des assassins et des malfaiteurs, ainsi que le théâtre sur lequel se jouent les drames les plus horribles.

Les faits que nous raconterons ont été recueillis pendant une résidence de dix ans à Constantinople ; on ne pourra donc pas nous accuser d'ignorance ou d'invraisemblance, quoiqu'en vérité, il se présentera des cas auxquels on n'oserait ajouter foi, tant l'atrocité et le crime surabondent dans notre récit.

Nous n'osons même pas promettre que nous ferons une description complète de tout ce que nous avons vu et recueilli, mais nous remplirons notre tâche tôt ou tard en donnant au public un autre ouvrage, sous le titre : *Mystères généraux de Constantinople*, qui ne sera que le complément, pour ainsi dire, de celui-ci.

Le second des deux voyageurs était un jeune homme de 19 à 20 ans, quoiqu'il parût en avoir 24 à 25, d'un aspect fier et d'une taille svelte et dégagée. Sa figure, d'une régularité parfaite, son teint d'une blancheur éclatante, son regard fier et doux, laissaient assez voir que ce jeune homme était né, non pour obéir, mais pour commander. Ses yeux, d'un noir foncé, faisaient ressortir davantage la blancheur de son teint ; ses

cheveux noir-clair, tombaient en boucles sur ses
larges épaules ; lorsqu'il souriait, ce qui était rare, ses
lèvres, qui avaient une teinte de corail, laissaient aper-
cevoir des dents plus blanches que l'ivoire. Il était mis,
contrairement à son compagnon, avec grâce et dis-
tinction.

Lorsque Constanti ou tout autre de la bande, avec
laquelle nous ferons connaissance, lui adressait quelque ordre, il relevait la tête avec fierté, fronçait les
sourcils et son regard voulait dire : *Ce n'est pas à
vous à me commander*. Bientôt cependant, revenant
à lui, il avait conscience de ce qu'il était, non de ce
qu'il pouvait être, et il exécutait sans murmure l'ordre
donné.

Ceci durait depuis bientôt douze ans, époque de son
admission parmi les membres de la bande. Quant aux
services dont il était chargé et à la manière dont il fut
incorporé dans une troupe de malfaiteurs et d'assassins,
nous le dirons en lieu et place. Pour le moment, que
nos lecteurs sachent qu'il répondait au nom de *Lamour*,
que Constanti et ses nombreux compagnons lui avaient
donné à cause de sa rare beauté.

La maison, à la descente de laquelle nos deux personnages débarquèrent, était celle de l'archevêque
de ***. Quant à la cause de la visite de Constanti, le
pirate, chez cet éminent personnage, nous la connaî-
trons bientôt en assistant à leur conversation.

Constanti sortit le premier du caïque, et entra dans
le jardin attenant à la maison ; Lamour le suivit ma-

chinalement, chose qu'il avait l'habitude de faire, chaque fois qu'il prévoyait quelque malheur.

Arrivés au haut de l'escalier qui menait aux appartements du prélat, ils s'arrêtèrent quelques secondes, et l'on aurait pu voir le pirate porter la main à son front comme un homme qui réfléchit à ce qu'il va dire. Ensuite, il s'avança vers la porte, en face de l'escalier, et y frappa avec force, sans avoir même adressé la parole au diacre qui se tenait dans l'antichambre.

La porte s'ouvrit aussitôt, et Constanti se trouva en présence de l'archevêque de ***. Aucun compliment d'usage n'eut lieu de leur part; ils ne se saluèrent même pas, tant leur intimité était grande.

Constanti, à peine entré, se jeta sur un fauteuil, entrelaça ses jambes et poussa un juron formidable qui fit trembler les vitres; ensuite il attendit que l'archevêque lui adressât le premier la parole.

Lamour resta près de la porte, prêtant une curieuse attention à ce qui se passait, quoique ce ne fût point la première fois qu'il assistât à de pareilles scènes.

L'archevêque ouvrit ses petits yeux verts et regarda autour de lui avant d'adresser la parole à Constanti; lorsqu'il les arrêta sur Lamour, il ne manifesta aucun étonnement de ce qu'un témoin allait assister à leur conversation. A ce qu'il paraît, notre jeune ami ne se présentait pas pour la première fois devant ce *serviteur de Dieu*, chez qui l'hypocrisie était parvenu au plus haut degré.

Avant d'assister à la conversation de ces deux compagnons du diable, faisons connaissance avec l'infâme tartufe que le sort offre à notre plume (1).

C'est un homme de 50 à 52 ans, d'une taille courte et sans grâce, d'un embonpoint remarquable et d'un teint livide ; ses yeux petits et ronds, d'une couleur peu commune, son nez microscopique, son énorme bouche, ses joues ridées et sa barbe longue, grisâtre et bien peignée, lui donnent une physionomie repoussante. La luxure et la gourmandise sont ses uniques qualités, pour la satisfaction desquelles il donnerait son âme au diable.

Après l'examen momentané qu'il fit lors de l'entrée de Constanti, il lui adressa, en grec, la parole en ces termes :

— Que viens-tu m'apprendre, Constanti ? Avons-nous quelque chose de nouveau, d'agréable, comme tu as l'habitude de nous en annoncer ?

— Eminence, répondit le pirate, que le diable nous emporte tous deux, si je ne viens aujourd'hui vous

(1) Cher lecteur, tout ce que nous vous dirons du clergé oriental n'aura rapport qu'avec l'état actuel des choses ; car nous n'ignorons pas que ce même clergé fut en 1453 l'arche qui sauva de la tempête générale de la barbarie tout ce que les Grecs possèdent aujourd'hui : langue, religion et nationalité ; nous n'ignorons pas que ce clergé fut autrefois le conseiller du peuple, le protecteur et le conservateur de ses droits ; nous avouons qu'il renfermait ces grands hommes pleins de patriotisme et d'abnégation qui préparèrent l'autonomie grecque..... Mais, hélas ! aujourd'hui il n'en est plus de même ; la corruption musulmane y a fait tant de ravages !... Heureusement il n'en est pas ainsi en Grèce et en Russie ; ce même clergé, par son dévouement et son abnégation, se montre digne de celui qui mourut pour nous sur la croix.

prouver que dernièrement vous m'avez accusé injuste-
ment d'oubli ; car à peine eus-je vu une jeune fille, ou
plutôt un ange sous la forme d'une femme, que le
diable s'empara de moi ; sa douce beauté, son teint
blanc comme les lis, sa physionomie mélancolique,
me firent voir aussitôt que c'était la femme qu'il fallait
offrir à Votre Eminence pour lui assurer ma constance
et mon dévouement.

— Elle est donc bien belle cette femme ? demanda
l'archevêque avec transport.

— Si elle est belle ! Je crois qu'on ne peut pas
trouver sa pareille dans le monde entier. Elle a ce
type italien.....

A ce mot, un mouvement involontaire échappa à
Lamour, mouvement qu'il ne put comprimer, mais qui
passa inaperçu.

Le pirate, qui ne s'était point interrompu, con-
tinua :

— .....que l'on rencontre à Venise ou à Gênes ; elle
ne charme pas, elle transporte... Et ses yeux ! Oh ! par
mon pàtron saint Constantin, — protecteur que le
pirate se conserva quoique devenu musulman, — je
crois qu'il n'en existe pas de plus beaux.

— Et que faut-il pour la voir, pour la poss...?

— Quant à la voir, interrompit le pirate, ce n'est
pas difficile, mais pour la posséder, halte-là ! Il faut
délier les cordons de la bourse.

— Et ce déboursé, demanda le luxurieux prélat,
avec impatience, à combien peut-il se monter ?

— A quinze mille piastres (1), répondit ingénument le pirate. Une bagatelle, lorsqu'il s'agit de posséder la plus jolie fille du monde.

— C'est plus qu'une bagatelle, c'est trop, je crois.

— Trop ! Par mon patron, je voudrais voir si vous parleriez de même après l'avoir vue ; alors ce ne sera plus quinze mille, mais trente, soixante que vous vou·drez en offrir..... mais aussi je pourrais être inébranlable ; je suis de ceux qui veulent qu'on ajoute une foi aveugle à leurs promesses. Je suis voleur, malfaiteur, assassin, que sais-je ? Mais, continua-t-il, en s'animant, je ne mens pas, et qui me tiendra pour tel aura affaire à moi, *triple corne du diable !*

— Paix ! Constanti, ne nous emportons pas ; je te donnerai cinq mille piastres aujourd'hui et sept mille autres le jour que tu m'amèncras ce chef-d'œuvre de beauté et de grâce.

— C'est quinze mille piastres qu'il me faut, et cette somme, vous ne consentez pas à l'offrir entièrement ; ainsi décidez-vous, ou l'affaire est manquée.

Et comme il voyait l'archevêque balancer, il reprit :

— Aussi, remarquez que ce n'est pas une femme de rien que je vous propose ; c'est une jeune fille appartenant à la famille la plus distinguée de l'endroit. Étrangère, je crois, mais qu'importe, il suffit qu'elle soit belle..... Pour l'enlever, il faut courir des risques ; il faut mettre à la besogne plusieurs compagnons. Eh

(1) Trois mille francs.

bien ! ces gens-là, ne faut-il pas les payer ? Et puis, il y aura peut-être des bras et des têtes cassés, ne faut-il pas de l'argent pour les réparer ?..... Par le diable ! s'écria-t-il, après une pause momentanée, ce n'est pas cher, trois mille francs !

— Allons, soit, répondit le tartufe, et se levant, il ouvrit un tiroir de son bureau, en tira pour quinze mille piastres de *caïmés* (1), et les remit au pirate.

— Prends, lui dit-il, et à ce soir. Je la verrai, et si elle me convient, nous fixerons le jour de l'enlèvement ; sinon, tu me rendras la somme que je viens de te remettre.

— C'est dit, répondit Constanti, et il allait se retirer par où il était entré, lorsqu'un diacre survenant parla à voix basse à l'archevêque.

— Ne fais pas entrer, répondit celui-ci, avant que j'aie sonné.

Ensuite, après avoir congédié le diacre, s'approchant de sa bibliothèque, il fit jouer un bouton caché derrière les rayons de livres, et une petite porte s'ouvrit, donnant sur un escalier dérobé, au bout duquel une autre porte, s'ouvrant à secret aussi, donnait dans le jardin au-delà duquel se trouve la descente où Constanti et Lamour avaient mis pied à terre.

Cette porte frappa le jeune homme, et avant de suivre le pirate, il jeta quelques regards dans le cabinet de l'archevêque pour bien s'assurer de l'endroit de cette

____

(1) Papier-monnaie.

sortie. Il examina avec une telle rapidité qu'on n'aurait jamais cru qu'il pourrait se le rappeler.

Cependant il nous eût fait la plus exacte description de la pièce où nous nous trouvâmes, en compagnie du pirate, de l'archevêque et de ce malheureux jeune homme, qu'un sort impitoyable jeta dans les griffes du criminel Constanti.

C'était une pièce de cinq mètres carrés de dimension, meublée avec un luxe qu'il eût fallu interdire à ceux qui doivent se soumettre à toute espèce de privations, à cause du nom qu'ils portent et de leur position. Cependant, aujourd'hui, on ne saurait trouver, dans toute la ville de Constantinople, de salons meublés avec plus de richesse, de goût et d'éclat, que ceux des habitants de Fanari, dont la plus grande partie appartient au corps ecclésiastique.

Le cabinet de l'archevêque de *** aurait pu charmer la plus coquette des femmes, par la fraîcheur et le goût parfait avec lesquels les meubles étaient rangés.

Deux canapés fort moelleux, en bois de rose et en velours vert de prairie, l'un en face de l'autre, servaient à l'archevêque de coucheuses pendant les heures de la prière, qu'un diacre, agenouillé ou debout, récitait à haute voix, tandis que lui-même, durant tout le temps de l'oraison, répétée trois fois par jour, étendu nonchalamment sur son canapé, murmurait de temps à autre un *Kyrié éléison* ou un *Amen*, comme si Dieu pouvait accepter une prière dictée par l'hypocrisie et le fanatisme. Deux fauteuils, aussi moelleux que les canapés,

quatre chaises de même étoffe et du même bois, et
une table ronde au milieu de la pièce, formaient le
mobilier de ce cabinet.

Une grande bibliothèque adossée au mur, renfermait
toute la Patrologie Grecque et Latine. Cependant derrière ces gros volumes, on aurait pu découvrir : *les
Mille et une nuits*, une traduction en grec de *la Luxure*
d'E. Sue, titre flatteur pour les oreilles d'un lubrique,
et une foule d'autres romans, qui devraient être jetés
au feu par un ministre de Dieu, et non pas reliés avec
luxe et mis au même rang que les œuvres de saint
Chrysostôme, de saint Basile et de saint Augustin, qui
frappaient la vue de l'examinateur, en masquant les
infamies qui se trouvaient derrière.

Quelques tableaux suspendus aux parois de l'appar-
tement eussent suffi à la condamnation de cet odieux
hypocrite, qui se couvrit de l'habit ecclésiastique pour
satisfaire plus facilement ses détestables passions. Sur
la table plusieurs petits ouvrages d'art, d'une rare
beauté et d'une richesse surprenante, servaient à l'amu-
sement de ceux qui se présentaient chez lui, en attendant qu'il fût visible. Un tapis des Indes, en velours
damassé, couvrait entièrement cette vaste pièce,
théâtre de turpitudes, et appelée cabinet. Des rideaux
en velours vert laissaient pénétrer dans la pièce une
clarté douce et rêveuse ; les rayons solaires, pénétrant
à travers ces rideaux, venaient se réfléchir en mille
couleurs sur les carreaux de la bibliothèque. Des chibouks longs de trois mètres étaient supportés par

une espèce de porte-pipes d'une magnificence peu commune.

Constanti.

Les bouts d'ambre qui surmontaient ces chibouks, d'une pureté incomparable, entourés de diamants et d'émeraudes, pouvaient procurer à plus de dix familles chrétiennes indigentes de quoi vivre pendant des années entières. Mais, hélas ! y aurait-il moyen de jeter ces malheureux dans une misère plus affreuse encore ? plusieurs des archevêques de Constantinople le feraient sans nul reproche de conscience ; mais aider l'honnête père de famille à supporter la misère, ceci est hors de leur compétence ; *ils ne veulent pas, disent-ils, encourager le vice...* Bonne excuse, par ma foi !

Telle était la pièce de l'archevêque de *** et tel est, malheureusement, le caractère de plusieurs parmi les douze archevêques qui séjournent alternativement dans la commune de Fanari.

Après le départ de Constanti et de Lamour, le prélat s'approcha de la cheminée, et tira un cordon correspondant à une sonnette donnant dans l'antichambre, où se tenait toujours le diacre qui était venu lui parler à voix basse ; ensuite, prenant un volume de saint Chrysostôme, il se mit à le feuilleter machinalement, en attendant l'entrée de la visiteuse que le diacre était venu lui annoncer.

9 782019 983574